AF257688

# CHARLES DUPUY

## Instruction populaire

# de l'École
# au Régiment

## Livret de Colonisation

### Questions — Résumés
### Sujets de Rédaction

Armand COLIN & Cie
ÉDITEURS
des Tableaux muraux CHARLES DUPUY
1º Tableau de Morale; 2º Tableau d'Instruction civique;
3º Tableau de Sciences élémentaires

# Instruction populaire

# de l'École au Régiment

PUBLIÉE SOUS LA DIRECTION DE

## CHARLES DUPUY

Agrégé de l'Université, Ancien inspecteur d'Académie, Vice-recteur honoraire,
Ancien ministre de l'Instruction publique, Député de la Haute-Loire.

## Livret de Colonisation

### Par M. Joseph CHAILLEY-BERT

QUESTIONS — RÉSUMÉS — SUJETS DE RÉDACTION

L'Opuscule du Maître................ » 30

ARMAND COLIN ET Cⁱᵉ, ÉDITEURS
5, RUE DE MÉZIÈRES, PARIS

1896

# AVIS

Nous avons publié, sous le titre caractéristique « **l'Année du Certificat d'études** » une série de Livrets d'Instruction et d'Éducation auxquels le public a fait le plus encourageant accueil.

Nous avons décidé de donner à cette publication une suite, un complément, qui constituera une seconde série de livrets, sous ce titre non moins significatif que celui de la première série : « **Instruction populaire de l'École au Régiment.** »

Nous avons grand souci de cet intervalle, presque aussi long que la période légale de la fréquentation scolaire, qui va de la sortie de l'école à l'entrée au régiment. C'est une longue étape, au cours de laquelle l'adolescent peut perdre ou compléter le bagage scolaire de l'enfant.

Nous voulons l'aider à le compléter. C'est pourquoi nous avons établi nos livrets de la seconde série sur le même plan, d'après la même méthode que nos livrets de la première série. Le champ est plus vaste ; mais les notions sont aussi précises, aussi nettes que celles que nous plaçons, dans la première série, sous les yeux de l'écolier.

Nous sommes resté fidèles à la méthode par questions et par réponses, que nous nous faisons honneur d'avoir restaurée dans l'enseignement primaire et qui obtient chaque jour de nouvelles et précieuses adhésions.

Nous nous proposons, à l'aide de nos *livrets* et des recueils ou *opuscules* de rédactions qui les accompagnent, de parcourir la série des connaissances usuelles indispensables à l'homme et au citoyen.

Charles Dupuy.

---

# LIVRET DE COLONISATION

## I. — L'ÉMIGRATION AUX COLONIES

**1.** Que ferez-vous en quittant l'école?

Je travaillerai pour **gagner ma vie** et soulager mes parents.

**2.** Travaillerez-vous avec votre père?

Je le voudrais, mais mon père ne veut pas que je sois cultivateur.

**3.** Je croyais que votre père venait d'acheter de la terre?

Oui! mais c'était pour placer un peu d'argent : au lieu de rentes sur l'État, il a acheté des champs.

**4.** N'y a-t-il pas là de quoi vous occuper?

Mon père dit que c'est assez de mon frère pour l'aider à mener la ferme.

**5.** Mais si maintenant la ferme est plus grande, il y a bien place pour deux?

Non, parce qu'aujourd'hui, **avec les machines,** un seul homme suffit là où autrefois il en fallait deux.

**6.** Ne pourriez-vous pas, alors, vous établir ailleurs?

Nous n'avons plus d'argent à placer; la terre coûte cher et un agriculteur qui l'achète à crédit se ruine.

**7.** Apprenez donc un *métier*.

J'aime la vie des champs et je ne voudrais pas être autre chose qu'**agriculteur**.

**8.** Comment ferez-vous donc?

J'irai hors de France, dans nos **colonies**, où il y a de la *terre disponible*, qu'on donne gratuitement ou qu'on vend à très bon marché.

**9.** Cela ne vous fera pas de peine de vous exiler?

Ce n'est pas s'exiler que d'aller volontairement en terre française, vivre plus facilement et arriver plus vite à l'aisance.

**10.** Mais il faut quitter ses parents, ses amis.

C'est vrai. Mais, on ne les perd pas pour cela : la poste et le télégraphe nous rattachent à eux ; avec les bateaux à vapeur et les chemins de fer, on voyage vite : on revient, de temps à autre, faire visite **au** pays ; sans compter qu'un jour on peut y rentrer **avec** ses économies.

**11.** Si vous quittez un jour les colonies pour rentrer au **pays**, la ferme de là-bas, qu'en ferez-vous?

D'autres, à leur tour, émigreront comme moi ; je leur céderai ma ferme et ils me la paieront quand ils auront travaillé et épargné.

**12.** Ne serait-ce pas une faiblesse pour la France si tous **ses** enfants émigraient ainsi?

Il n'en émigre jamais qu'un petit nombre, qu'une

proportion faible ; et leur émigration, au lieu d'affaiblir la France, l'enrichit. Voyez combien sont puissantes l'**Angleterre** et l'**Allemagne**, pays d'où l'on émigre beaucoup.

**13.** Pourtant ces émigrants sont autant de travailleurs de moins en France ?

Sans doute, ils ne travaillent pas en France, mais ils travaillent là où ils sont ; avec l'argent qu'ils gagnent, ils achètent une foule de choses qu'ils font venir de France et contribuent ainsi à faire travailler et a enrichir leurs compatriotes restés au pays.

**14.** Mais ce sont des soldats de moins pour servir la patrie ?

C'est aussi servir la patrie que d'aller au loin la faire connaître, la faire aimer et faire connaître et apprécier ses produits. D'ailleurs, tous ceux qui émigrent en terre française sont, comme s'ils étaient en France, astreints au service militaire.

**15.** Pourquoi dites-vous : *en terre française ?* Il y a donc des Français qui émigrent *à l'étranger ?*

Oui ! ce sont même jusqu'ici les plus nombreux : ils vont s'établir aux *États-Unis*, dans l'*Uruguay*, dans la *République Argentine*, en *Égypte*, au *Mexique*, etc.

**16.** Savez-vous combien il y a de Français dans ces divers pays ?

Il y en a **110 000** aux États-Unis, **60 000** en Argentine, **16 000** en Égypte, **14 000** en Uruguay.

**17.** Pourquoi ces Français vont-ils s'établir dans ces pays étrangers plutôt que dans nos colonies?

Parce que, dans les départements dont ils sont originaires, on avait pris l'habitude d'émigrer vers ces pays bien avant que la France possédât toutes les colonies qu'elle a aujourd'hui.

**18.** Est-ce dans ces pays que vous voudriez émigrer?

Non! moi, je voudrais émigrer dans une colonie française.

## RÉSUMÉ

**1.** L'agriculture, la vie des champs rend l'homme heureux.

**2.** L'agriculteur fait sagement de ne pas déserter la vie des champs.

**3.** Si la terre manque en France ou si elle y est trop chère, il y a de la terre ailleurs en abondance.

**4.** Celui qui émigre ne perd pas pour toujours sa famille et son pays : il a mille moyens de rester en communication avec eux.

**5.** Celui qui émigre dans nos colonies ne manque pas à ses devoirs envers son pays : il le sert au loin comme s'il était resté dans sa patrie même.

**6.** Un bon Français doit, s'il émigre, émigrer **en terre française**, dans les **colonies françaises**.

## II. — LES COLONIES FRANÇAISES
## LA SITUATION ; LE CLIMAT ; LA SALUBRITÉ

**19.** La France a-t-elle beaucoup de colonies ?

E'.e en a dans toutes les parties du monde : en Afrique, en Asie, en Amérique, en Océanie.

**20.** Quelles sont les colonies françaises d'*Afrique ?*

Ce sont : au nord, l'**Algérie** et la **Tunisie** ; à l'ouest, le **Sénégal,** avec son annexe, beaucoup plus vaste que lui-même, le **Soudan,** la **Guinée française** ou **Rivières du sud,** la **Côte d'Ivoire,** le **Dahomey,** le **Congo français** ; enfin, à l'est, **La Réunion, Madagascar** et ses dépendances, et **Obok.**

**21.** Quelles sont les colonies françaises d'*Asie ?*

Ce sont : les **Établissements français** de l'Inde, et l'**Indo-Chine** française, qui comprend la **Cochinchine,** le **Cambodge,** l'**Annam** et le **Tonkin.**

**22.** Quelles sont les colonies françaises d'*Amérique ?*

Ce sont : la **Guyane française,** puis nos **Antilles,** c'est-à-dire la **Guadeloupe** (avec quelques îles voisines) et la **Martinique,** et enfin les deux petites îles de **Saint-Pierre** et de **Miquelon.**

**23.** Quelles sont les colonies françaises d'*Océanie ?*

Ce sont la **Nouvelle-Calédonie** et aussi quelques îles ou groupe d'îles de l'océan Indien, de moindre importance : *Tahiti,* les *Iles Marquises,* etc.

**24.** Y a-t-il longtemps que la France possède toutes ces colonies?

Non ! pour la plupart, elle les a acquises, c'est-à-

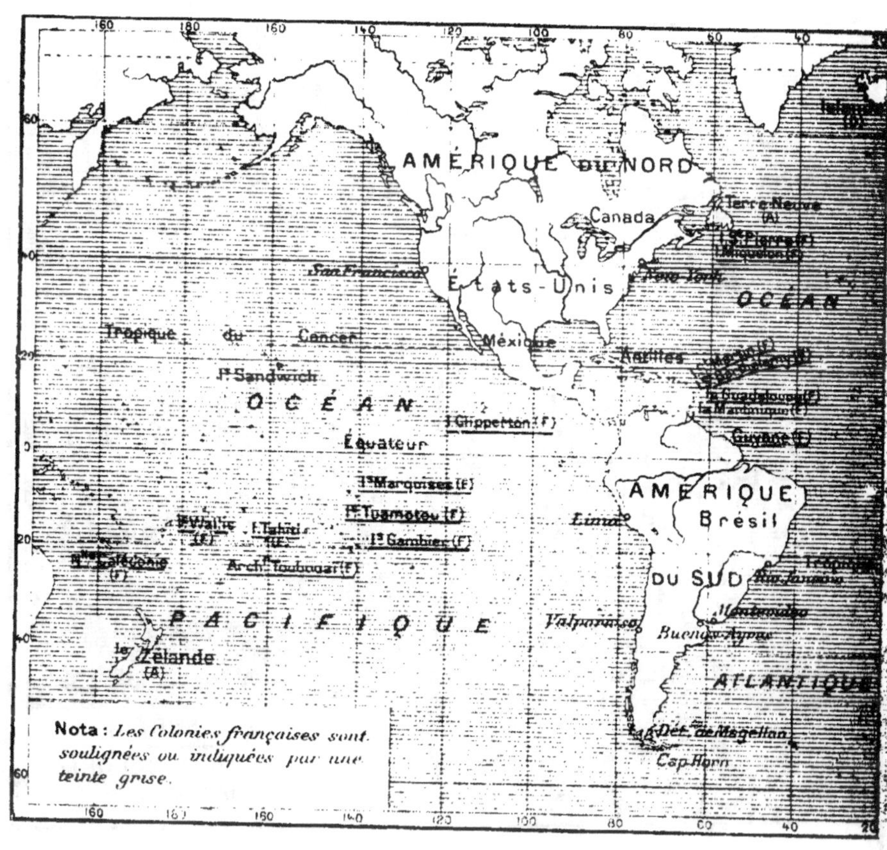


dire tantôt conquises par la force et tantôt librement occupées, dans ce siècle même : l'Algérie en **1830**, la Cochinchine en **1861**, la Tunisie en **1878**, le Tonkin et l'Annam en **1884**, Madagascar en **1895**, etc.

**25.** Est-ce qu'avant ce siècle la France n'avait pas de colonies?

Elle en avait, au contraire, beaucoup et de très im-

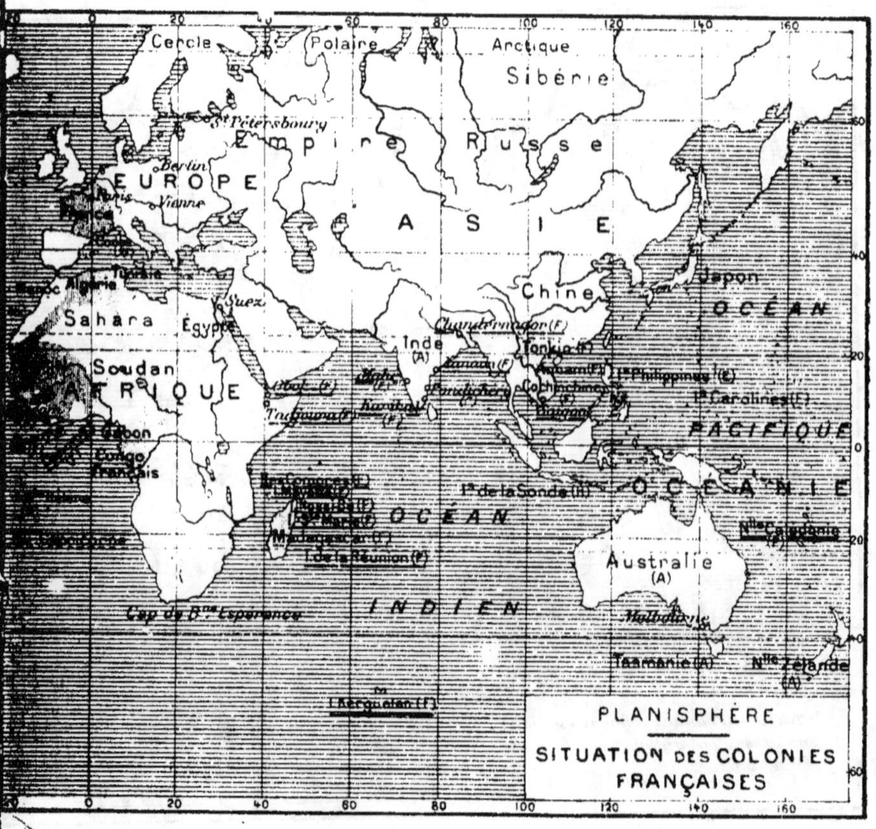


portantes : le *Canada*, la *Louisiane*, *Haïti* ou *Saint-Domingue*, les *Indes*, l'île *Maurice* ou *Ile de France*, etc.

**26.** Par suite de quelles circonstances ne les a-t-elle plus?

Pour cette cause principale que de tout temps la

France s'est surtout préoccupée d'être forte en Europe et qu'à cette préoccupation elle a toujours sacrifié ses colonies.

**27.** De quelle manière les a-t-elle sacrifiées?

Soit en ne les défendant pas et en devant les céder par force à ses ennemis, soit même en les cédant de bon gré, en les vendant aux étrangers.

**28.** Pouvez-vous donner des exemples de ces sortes d'abandon?

La France, sous Louis XV, n'a su défendre ni **Montcalm** au Canada, ni **Dupleix** aux Indes, et elle a sacrifié ces deux héros et perdu ces deux magnifiques possessions. Sous la Révolution et l'Empire, elle a vendu la *Louisiane* aux Américains et perdu *Haïti*, qui s'est révoltée; si bien que de ses anciennes colonies, il ne lui reste que les Antilles, la Réunion, la Guyane, les établissements de l'Inde et le Sénégal.

**29.** Ces anciennes colonies valaient-elles mieux que les nouvelles?

A certains égards, elles valaient mieux. Les plus importantes étaient situées sous des climats très salubres; les Français pouvaient y vivre aussi bien qu'en France : exemple, les Français du Canada, qui étaient 60 000 en 1763, sont aujourd'hui plus de 2 millions. De plus, elles étaient à peine habitées et par conséquent offraient d'immenses espaces libres aux émigrants pour peupler de **nouvelles Frances.**

**30.** Nos colonies actuelles forment-elles un territoire considérable?

Elles représentent une superficie d'environ 3 millions de kilomètres carrés. Cette superficie, si l'on y ajoutait certaines parties imparfaitement délimitées (Soudan, 1 200 000 k. c.; Sahara, 4 500 000 k. c.) ou contestées par d'autres puissances (Guyane contestée, 150 000 k. c.), atteindraient environ 8 500 000 kilomètres carrés.

**31.** Est-ce plus que la France?

La superficie de la France n'est que d'un demi-million de kilomètres carrés (529 000 k. c.). Mais, en France, presque toute la terre est cultivable, tandis que, dans cette immensité de notre empire colonial, plus de la moitié ne vaut pas **aujourd'hui** la peine d'être cultivé. En revanche, le reste a une valeur considérable.

**32.** Sauriez-vous les dimensions des principales de nos colonies?

L'Algérie mesure 670 000 kilomètres carrés ;
La Tunisie, 180 000 ;
Le Sénégal, 140 000 ;
La Guinée française, 60 000 ;
Le Congo français mesure 720 000 kilomètres carrés ;
Madagascar, 592 000 ;
L'Indo-Chine française, 538 000 ;
La Nouvelle-Calédonie, 21 000 ;
La Guyane, 80 000 ;
La Réunion n'en mesure que 2512 ;

Les Antilles, que 2700 ;

Obok, que 3 600 ;

L'Inde française, que 500.

**33.** Est-ce que tout cet immense territoire est habitable pour des Français ?

Si par habiter, on entend faire un séjour de trois ou quatre ans, toutes nos colonies sont habitables pour des Français.

**34.** Et s'il s'agissait d'y rester plus longtemps ?

Si un Français voulait s'établir dans une de nos colonies, y travailler, y créer des établissements, y fonder une famille et y rester toujours ou du moins pendant de longues années, alors il faudrait distinguer entre nos diverses colonies.

**35.** D'après quoi feriez-vous cette distinction ?

Surtout d'après leur latitude. Les médecins ont constaté que l'Européen ne peut pas, sans danger pour sa santé, habiter sous toutes les latitudes, dans toutes les parties de notre globe. L'extrême froid et l'extrême chaud lui sont également préjudiciables.

**36.** Et quelle est la latitude de nos colonies ?

Presque toutes nos colonies sont comprises dans la région d'extrême chaud, dans la région qu'on appelle **intertropicale**, parce qu'elle s'étend de l'un à l'autre tropique, depuis le tropique du Cancer, situé à 23 degrés au nord de l'équateur, jusqu'au tropique du Capricorne, situé à 23 degrés au sud.

**37.** N'y a-t-il pas d'exceptions?

Si, l'**Algérie** et la **Tunisie** appartiennent encore à la zone tempérée : Alger et Tunis sont situées par 37 degrés de latitude nord. Aussi les Français s'y portent aussi bien qu'en France. De même, à Saint-Pierre et à Miquelon, situées par 45 degrés de latitude nord.

**38.** Sont-ce les seules exceptions?

On peut citer encore la *Nouvelle-Calédonie* et la *Réunion*. La Nouvelle-Calédonie est bien située entre le 22e et le 20e degré de latitude australe; mais elle est parfaitement habitable pour l'Européen. De même encore la Réunion, quoique située par 21 degrés de latitude australe.

**39.** Et nos autres colonies?

Toutes les autres colonies sont situées nettement dans la **région intertropicale**.

**40.** Ces colonies sont-elles donc toutes inhabitables pour l'Européen?

Non. La preuve en est à la *Guadeloupe* et à la *Martinique*, par exemple. Quoique situées dans la **région intertropicale**, elles renferment de nombreux Français, nés dans ces colonies et descendants des Français qui les ont colonisées dès le dix-septième siècle.

**41.** Comment concilier l'existence de ces Français aux Antilles avec ce que vous disiez plus haut de l'insalubrité de la région tropicale?

C'est que plusieurs circonstances peuvent modifier l'action débilitante du climat dans cette région.

1**

**42.** Quelles sont ces circonstances?

La première est la présence de la **mer**.

**43.** Il faudrait donc alors distinguer entre les *îles* et les *continents ?*

Oui. Ce que je disais de l'extrême chaleur de la région torride s'applique surtout aux **vastes plaines des terres continentales**. La transpiration y est excessive; l'estomac et les intestins fonctionnent mal, l'appétit diminue; les forces s'en vont.

Mais dans une *île*, même située sous les tropiques, la **mer** apporte de la fraîcheur, le climat devient plus tempéré et plus supportable pour l'Européen.

**44.** Quelle autre circonstance peut faire qu'un pays tropical soit habitable pour l'Européen?

**L'élévation**, le **relief** du sol au-dessus du niveau de la mer. Dans les montagnes, l'air est plus vif et les fonctions digestives sont plus faciles. On dit alors que **l'altitude** compense la **latitude**.

Aussi, sous les latitudes chaudes, recherche-t-on de préférence les **plateaux**, les *régions élevées*. C'est ce qu'ont fait les Espagnols dans l'Amérique du Sud, les Anglais aux Indes; c'est ce que les Français font déjà au Tonkin et vont faire à Madagascar et au Congo.

**45.** Et les colonies tropicales qui ne sont pas des îles ou ne renferment pas de plateaux, sont-elles donc absolument inhabitables pour l'Européen?

L'Européen peut encore les habiter; mais d'abord, il ne peut pas y travailler de ses mains; ensuite, il doit, de temps à autre, par exemple, tous les **quatre ou** cinq ans, revenir, pour quelques mois, dans un climat tempéré comme la France ; enfin, pendant qu'il habite la colonie, il est tenu d'observer une **hygiène sévère**, c'est-à-dire d'être *très sobre* et *très prudent*.

**46.** Mais si, dans ces colonies tropicales, le Français ne doit pas travailler de ses mains, comment y fera-t-il donc fortune ?

Il ne travaillera pas avec ses mains, il travaillera avec son intelligence : il emploiera et dirigera la *main-d'œuvre* des indigènes qui peuplent nos colonies. Il s'enrichira en les faisant travailler et, en même temps, il leur apprendra à s'enrichir eux-mêmes en les initiant à des méthodes nouvelles en agriculture et en industrie.

## RÉSUMÉ

**1.** La France a toujours eu des colonies. Elle en avait autrefois de magnifiques : les Indes, le Canada, la Louisiane, Haïti ; elle les a perdues par sa négligence ou par suite des difficultés de sa politique en Europe.

**2.** C'est à partir du milieu du dix-neuvième siècle et surtout sous la **Troisième République** que la France a reconstitué son *empire colonial*.

**3.** Cet empire est très étendu : il est **six fois** (et même, si l'on y veut tout comprendre, seize fois) plus grand que la France continentale.

**4.** Nos colonies actuelles sont presque toutes situées dans la région *intertropicale* ou *zone torride*.

**5.** Seules l'Algérie, la Tunisie, et, à la rigueur, la Nouvelle-Calédonie et la Réunion appartiennent à la *zone tempérée*.

**6.** Dans la région intertropicale, la chaleur extrême et constante affaiblit l'Européen.

**7.** Dans les parties élevées de Madagascar, du Tonkin, le Français peut s'acclimater, c'est-à-dire se bien porter et travailler.

**8.** Celui qui s'établit aux colonies, doit être sobre et prudent plus encore qu'en France.

**9.** Dans nos colonies, le colon, au lieu de travailler comme un ouvrier, doit arriver à travailler comme un contremaître ou un patron, c'est-à-dire à diriger le travail des indigènes.

## III. — LES COLONIES FRANÇAISES (*suite*)
## LES POPULATIONS INDIGÈNES; LA SÉCURITÉ

**47.** Nos colonies ont donc d'autres habitants que les colons français?

Presque toutes renferment une **population indigène** qui habitait le pays avant la venue des Français.

**48.** Quelles sont ces populations?

En **Indo-Chine**, surtout des *Annamites* et des *Cambodgiens*; au **Sénégal**, au **Soudan**, au **Congo**, des *nègres* de races diverses; en **Nouvelle-Calédonie**, des *Canaques*; à **Madagascar**, des *Malgaches* (*Hovas*, *Sakalaves*, etc.); en **Algérie**, des *Arabes* et des *Kabyles*.

**49.** Quel est le chiffre de la population indigène de nos colonies ?

Environ de **30** à **35 millions** d'habitants.

**50.** Comment se répartit cette population entre nos diverses colonies?

On compte environ en *Algérie*, un peu plus de 4 millions d'Arabes et de Kabyles; en *Tunisie*, 1 million et demi d'Arabes; au *Sénégal*, 1 million de nègres; à *Madagascar*, 5 à 6 millions d'habitants de diverses races; en *Indo-Chine*, 16 à 18 millions d'Annamites et environ 800 000 Cambodgiens.

**51**. En face de ces indigènes, combien y a-t-il de **colons français** dans nos colonies?

Un nombre peu élevé : 270000 en Algérie; 20000 en Tunisie; 3 ou 4000 en Indo-Chine ; mais, dans nos Antilles, à la Réunion, et même en Nouvelle-Calédonie, une grande partie de la population est purement française.

**52**. N'est-il pas fâcheux qu'il y ait si peu de Français dans nos colonies?

Il serait bon qu'il y eût plus de colons français dans nos colonies. Mais leur nombre ne pourra, sauf en Algérie, en Tunisie et en Calédonie, être jamais bien considérable.

**53**. Pourquoi cela?

Parce que le climat de nos colonies n'est pas, nous l'avons vu, très favorable à la race européenne ; et aussi, parce que dans ces colonies, déjà très peuplées d'indigènes, le rôle du colon étant moins de travailler lui-même que de former et d'utiliser la main-d'œuvre indigène, il n'est pas besoin de beaucoup de maîtres même pour beaucoup d'élèves.

**54**. Mais n'êtes-vous pas inquiet de voir un si petit nombre de Français parmi tant d'indigènes?

S'il s'agissait de dominer les indigènes par la force, la disproportion des Français serait inquiétante, mais il n'est pas question de s'en faire craindre : nous devons chercher à nous en **faire estimer** et à nous en **faire aimer**.

**55.** Comment des gens que nous avons conquis pourraient-ils nous aimer?

Au début, ils ont de la haine et de la défiance ; mais ils finissent par nous aimer si nous les rendons plus riches et plus heureux et si nous avons su, en les gouvernant, être meilleurs et plus justes que leurs anciens maîtres.

**56.** N'est-il pas certain que des Français seront toujours meilleurs et plus justes que des barbares ?

Cela n'est pas absolument certain : on peut se tromper tout en voulant faire le bien.

**57.** Que faut-il donc pour se faire aimer des indigènes?

Il faut d'abord vouloir les comprendre et les aimer : et pour cela, apprendre à les connaître, étudier leurs goûts, chercher à deviner ce qu'ils attendent de nous.

**58.** Le mieux ne serait-il pas de les traiter comme nous traiterions des Français?

Pas du tout : ils peuvent n'avoir ni nos habitudes, ni nos goûts. Des nègres, par exemple, qui n'ont ni religion, ni science, ni gouvernement, ni richesse, ne comprendraient rien et même seraient malheureux si on les traitait comme des Français. C'est comme si l'on voulait traiter en hommes de petits enfants.

**59.** Mais les Annamites, par exemple, sont civilisés?

Sans doute, mais ils sont civilisés à leur façon qui est celle des Orientaux ; ils souffriraient d'être traités comme des Occidentaux.

**60**. Alors comment s'y prendre?

Il faut ne pas vouloir changer brusquement leurs habitudes ; il faut respecter leurs croyances et même leurs préjugés, et n'aborder qu'à la longue les réformes indispensables.

**61**. Mais qui saura quelles réformes importent?

Des fonctionnaires habiles et justes, qui d'avance auront étudié leur langue, leurs mœurs et leurs besoins, et qui, avec beaucoup de temps et de ménagements, leur feront comprendre les motifs de nos actes et les amèneront à nos idées.

**62**. Si nous respectons toujours leurs préjugés, ils ne feront aucun progrès?

Ils les feront plus lentement, mais ils les feront plus sûrement. Si, au contraire, nous les froissons, ils se révolteront contre nous. Au lieu de vouloir les courber à nos habitudes, il est préférable de les leur faire d'abord comprendre et accepter.

**63**. A ce compte-là, la colonisation implique l'*éducation* des indigènes?

Parfaitement. Et cette **éducation**, qui est chose longue, est néanmoins plus facile qu'on ne croit. Si elle porte sur des idées élémentaires, justes, et à la portée des indigènes, elle donne d'excellents résultats : les indigènes ainsi élevés peuvent devenir d'utiles auxiliaires des Français, dans l'administration, dans l'armée, dans la police, etc.

**64.** N'avons-nous pas dans nos colonies des soldats indigènes?

Nous en avons dans presque toutes nos colonies : en Algérie, au Sénégal, au Tonkin; et partout ces soldats, commandés par des officiers français, constituent d'excellentes troupes. Il est même des indigènes qui sont chargés de la police.

**65.** Est-ce à ces seules troupes indigènes que nous confions la sécurité de nos colonies?

Non. A côté d'elles sont des troupes purement françaises, d'ailleurs en petit nombre, dont la présence garantit l'obéissance et la fidélité des indigènes.

**66.** Ainsi partout nous avons réussi à amener les indigènes à devenir nos collaborateurs?

Dans toutes nos colonies, nous y avons réussi. Les Français, d'ailleurs, ont une humeur gaie et un caractère facile, sans orgueil et sans hauteur, qui les fait aimer des indigènes. Aussi ont-ils su s'en servir comme auxiliaires et collaborateurs non seulement dans l'armée et la police, mais encore dans les travaux de l'agriculture et de l'industrie.

## RÉSUMÉ

**1.** Les colonies françaises renferment toute une population indigène à côté des colons français.

**2.** Les colons français ne sont pas très nombreux; ils pourraient l'être un peu plus; mais dans les colonies que nous possédons actuellement, il n'est pas utile que leur nombre soit jamais très considérable.

**3.** Le petit nombre des colons français parmi tant d'indigènes n'est pas une cause de dangers, si ces colons sont justes et bons et si l'administration française est sage et équitable.

4. Administrer avec sagesse et équité, cela ne veut pas dire traiter les indigènes comme on traiterait des Français.

5. Il faut nous mettre à leur niveau et tenir compte de leurs mœurs, de leurs goûts, de leurs préjugés.

6. Les indigènes, qu'on a ainsi instruits et préparés à ce rôle, peuvent fournir aux Français des soldats, des agents de police, des fonctionnaires, des ouvriers d'agriculture et d'industrie.

## IV. — LES COLONIES FRANÇAISES (*suite*)
## LES RESSOURCES ; LA RICHESSE

**67.** Ne m'avez-vous pas dit que le *climat* de nos colonies s'oppose à l'*expansion de notre race ?*

• Oui : le climat **intertropical** entrave le développement de la race française. Quand bien même des milliers de familles françaises se fixeraient dans nos colonies actuelles (sauf en Algérie, en Tunisie et peut-être sur les Hauts-Plateaux de Madagascar), on ne devrait pas espérer voir ces milliers devenir des millions, comme cela s'est vu, par exemple, au *Canada*, où les 13 000 Français de 1711 étaient déjà 60 000 en 1763 et sont devenus les 2 000 000 Franco-Canadiens de la fin du dix-neuvième siècle.

**68.** N'est-il pas vrai aussi que nos principales colonies renferment des *populations indigènes* considérables ?

Cela est vrai. En *Algérie*, en *Indo-Chine*, à *Madagascar*, des millions d'Arabes, d'Annamites, de Malgaches, etc., occupent le pays et leur nombre ne peut que grandir indéfiniment sous le gouvernement pacifique et prospère des Français.

**69.** Enfin n'est-il pas également exact que le *climat* de nos colonies ne permet guère à l'émigrant français un *travail manuel régulier ?*

Cela encore est exact : sauf en Algérie, en Tunisie, en Nouvelle-Calédonie, sur les Hauts-Plateaux de Madagascar et dans quelques parties de l'Indo-Chine, le Français ne peut guère songer à travailler habituellement **de ses mains.**

**70.** En face de circonstances aussi peu favorables, comment le colon français peut-il raisonnablement espérer faire fortune aux colonies ?

Il le peut parfaitement, cela ne dépend que de lui ; seulement dans les colonies au lieu de *supériorité physique*, c'est de **supériorité morale** qu'il doit faire preuve, c'est-à-dire d'*intelligence* et de *volonté.*

**71.** Quels éléments de fortune trouvera-t-il donc ?

Les mêmes éléments qu'en France : l'**agriculture**, le **commerce** et l'**industrie**. Ces éléments toutefois varient avec chaque colonie. Dans toutes, assurément, on peut faire à la fois de l'industrie, du commerce et de l'agriculture, puisque toutes, elles renferment des *terres* et des *habitants ;* mais, suivant leur degré d'avancement, l'une offre plus de chances pour l'*agriculture*, l'autre plus de facilités pour le *commerce.* Il y a même telles colonies où jusqu'ici l'on ne peut faire avec profit que le seul *commerce*, et encore un commerce d'un genre tout particulier et très primitif, qui est plutôt le *troc*, l'*échange* en nature.

**72.** Dans quelles colonies ce *commerce primitif* a-t-il jusqu'ici été seul fructueux ?

Par exemple, dans l'**Afrique occidentale** : au **Sénégal**, au **Soudan**, au **Congo**.

**73.** Pourquoi l'agriculture n'y a-t-elle pas réussi ?

Parce que la population y est très peu travailleuse et très peu instruite : on ne peut encore attendre d'elle ni régularité, ni habileté dans la culture.

**74.** Les nègres ne travaillent-ils donc pas la terre ?

Beaucoup se contentent des fruits que la terre produit spontanément. La plupart de ceux qui cultivent la terre la travaillent avec des méthodes fort arriérées et, d'ailleurs, juste assez pour se nourrir, se vêtir et s'accorder quelques maigres satisfactions.

**75.** Quelles sont leurs cultures ?

Les plus avancés cultivent, par exemple, du *millet*, des *patates*, ou *manioc* pour leur nourriture ; des *bananes*, des *arachides*, pour le commerce avec les Européens ; les autres recueillent simplement les produits naturels du pays.

**76.** Quels sont ces produits ?

Le **caoutchouc**, qu'ils tirent d'un arbre ou, plus souvent, d'une liane fort commune en Afrique et en Amazonie ; la **gomme**, que secrètent certains arbres ; les *défenses des éléphants* tués à la chasse ; la *poudre d'or* recueillie dans les eaux des rivières, etc.

**77.** Comment se fait le commerce avec les nègres? Ont-ils des boutiques, des magasins?

Quelques-uns en ont dans les villes de la côte; mais ce sont surtout les **marchands européens** qui ont des magasins, des *factoreries*; ils y rassemblent des marchandises d'Europe : étoffes de coton, poudre. fusils, articles de Paris. liqueurs, etc., et les **échangent** contre les produits du pays. Autrefois, ils installaient de ces factoreries jusque dans les districts les plus éloignés de la côte.

**78.** Pourquoi dites-vous *autrefois?* Cela est-il donc changé?

Oui, dans les colonies plus avancées, comme au *Sénégal*, les Européens, *au lieu d'établir des comptoirs jusque fort loin dans l'intérieur des terres*, ont peu à peu habitué les nègres à **venir** de l'intérieur jusqu'à la *côte*. Ces nègres *apportent* leurs produits et *remportent* des produits d'Europe, qu'ils revendent à leurs compatriotes.

**79.** Ainsi, il y a eu là des progrès accomplis?

Assurément! Au Congo, il est vrai, le **troc** existe encore : le nègre donne du caoutchouc, on lui donne en échange de l'étoffe, des perles, de la parfumerie, etc. Mais au Sénégal, plus avancé, la **vente** a remplacé l'**échange**; au lieu de payer les nègres en *marchandises*, on les paie en *monnaie*, en argent et, avec cet argent, eux, à leur tour, achètent, où il leur plait, les marchandises dont ils ont besoin.

De même encore, les nègres du Sénégal ont pris

l'habitude de **cultiver régulièrement** leurs champs d'arachides. Au Congo, au contraire, les nègres, sauf pour se nourrir, **ne cultivent rien**; ils se contentent jusqu'ici d'exploiter les forêts, de recueillir le caoutchouc, de ramasser de l'ivoire, etc.

**80**. Mais on finira par détruire les éléphants, par épuiser les lianes à caoutchouc : que fera-t-on alors?

Avant que ce moment arrive, il faudra absolument qu'on ait habitué le nègre à la **culture régulière**, à la **récolte annuelle**.

**81.** A-t-on déjà essayé?

Oui; de riches colons ont déjà introduit l'agriculture sur la côte occidentale d'Afrique; ils ont fait des plantations de *café*, de *cacao*, etc.; ils s'efforcent de donner aux nègres le goût du *travail* et des *bénéfices* que le travail procure. Mais tout cela est encore peu de chose, et jusqu'à ce qu'ils aient pu réussir, c'est surtout le **commerce** qui peut enrichir les colons de ces pays.

**82**. Dans quelles colonies ferait-on donc de l'agriculture?

Dans celles qui renferment des populations *plus habiles* et surtout *plus travailleuses* que les nègres : en **Indo-Chine**, en **Algérie**, en **Tunisie**, à **Madagascar**.

**83.** Vous rangez l'Indo-Chine, l'Algérie parmi les colonies *agricoles;* je croyais qu'on y faisait beaucoup de commerce?

Sans doute, on y fait beaucoup de commerce. L'Algérie fait avec la France et l'Europe 500 millions d'affaires ; nos colonies, toutes ensemble, en font un milliard.

**84**. Si on y fait tant de commerce, pourquoi y faire aussi de l'agriculture?

*Parce que l'agriculture développe le commerce.* Sans l'agriculture, l'indigène n'aurait jamais d'argent à dépenser, et ne pourrait rien acheter.

Devenu agriculteur, au contraire, il *vend* ce qu'il n'a pas consommé et *achète* d'autant plus que la récolte a été meilleure. Aussi, pour que le commerce aille bien, il faut que l'agriculture soit prospère.

**85**. Parmi ces colonies destinées à l'agriculture vous ne citez pas la Nouvelle-Calédonie?

La **Nouvelle-Calédonie** est de toutes les colonies la plus propre à l'*agriculture*, la plus *salubre*, celle où l'européen peut travailler *le plus aisément* et où il peut cultiver de petits domaines comme il ferait en France.

**86**. Alors pourquoi n'en parlez-vous pas en même temps que du Tonkin et de la Tunisie?

C'est d'abord qu'à l'heure actuelle, pour les grandes exploitations, **elle manque de main-d'œuvre** : les Canaques sont peu nombreux et, d'ailleurs, fournissent de médiocres travailleurs; c'est ensuite que la présence des 15 000 forçats ou libérés est peu flatteuse pour un colon honnête homme.

**87.** Ne faut-il donc pas aller s'établir en Nouvelle-Calédonie?

Au contraire, c'est une de celles où il faut le plus fortement conseiller d'aller s'établir : un jour ou l'autre, on y supprimera le bagne, et déjà l'on y a introduit des travailleurs annamites, japonais, javanais, etc.

**88.** Dans les colonies agricoles que vous avez énumérées, que fera-t-on?

On y cultivera les produits du pays ou ceux qui peuvent s'y acclimater.

**89.** Prenons un exemple : au *Tonkin*, le colon français cultiverait donc du riz?

Oui ! il cultiverait du riz; mais il aurait bien tort de ne cultiver que cela.

**90.** Pourquoi? le riz n'est-il pas le produit par excellence du Tonkin et celui que les indigènes savent le mieux cultiver?

Cela est vrai. Et le colon devrait consacrer à cette culture une partie de son exploitation. Le riz sert à la nourriture des indigènes, se vend facilement en Chine et en Europe et peut payer une fraction des **frais généraux**. Mais il vient surtout dans les vallées, par exemple, dans le Delta du fleuve Rouge; dans ces vallées, les Annamites sont excessivement nombreux, on n'y trouverait pas un pouce de terre disponible; enfin le riz se vend très bon marché : il faudrait en cultiver d'immenses étendues pour faire fortune. Pour toutes ces raisons, le colon européen a mieux à faire.

**91.** Que fera-t-il donc?

Au lieu d'habiter les vallées trop peuplées, il habitera le *flanc des collines* ou les *plateaux* qui sont encore presque déserts et où il attirera, à sa suite, les indigènes, toujours en quête de travail et d'argent à gagner; le riz, il le cultivera dans les parties du domaine qui avoisinent les rivières; ailleurs, il cultivera des produits recherchés en Europe : le *café*, le *thé*, le *quinquina*, etc.

**92.** Comment les Annamites l'aideront-ils dans ces cultures, s'il les ignorent?

Ils sont très habiles et auront vite appris nos méthodes. Ils travailleront comme font chez nous les métayers, qui partagent avec le colon les produits et, à cause de cela, sont intéressés à la prospérité de l'entreprise.

**93.** Ainsi donc, si vous vouliez émigrer, où iriez-vous?

Si j'étais un gros commerçant, disposant de gros capitaux, *je voudrais faire du commerce dans nos colonies :* j'irais fonder des comptoirs en Afrique ou en Indo-Chine. Mais, fils de cultivateur, n'ayant que de modiques ressources, je veux, moi, *faire de l'agriculture*, et j'irai m'établir en Algérie, en Tunisie, en Indo-Chine, en Nouvelle-Calédonie, peut-être même à Madagascar : dans la colonie où je croirai avoir le plus de chances de faire un **bon colon.**

## RÉSUMÉ

**1.** Toutes les colonies ne se prêtent pas au même genre d'affaires : les unes se prêtent mieux au **commerce**, les autres à **l'agriculture** ou à **l'industrie**.

**2.** Dans les colonies les moins avancées (Afrique occidentale) *il n'y a pas d'agriculture :* les indigènes (sauf au Sénégal) se contentent de ce que **la terre produit naturellement**; quant à ce qu'on appelle commerce, il se réduit à l'*échange en nature*, au *troc*.

**3.** Dans les colonies plus avancées (Indo-Chine), les indigènes **ont appris à cultiver** et travaillent au delà de leurs besoins immédiats.

**4.** *Partout* le rôle du colon est d'**enseigner** aux indigènes à travailler et de leur donner le goût du travail.

**5.** A la longue, on peut arriver à faire des indigènes de très habiles ouvriers.

**6.** On leur montre ensuite à perfectionner leurs méthodes et à entreprendre des cultures plus rémunératrices.

**7.** Le colon peut alors se les *associer* et partager avec eux les fruits du travail commun, comme on fait en France avec les métayers.

# V. — LA COLONISATION; LES QUALITÉS D'UN BON COLON

**94.** Est-ce que le premier venu peut faire un bon colon?

Non : il faut pour cela certaines **qualités indispensables**.

**95.** Quelles sont ces qualités?

Des qualités *physiques*, des qualités *morales*, des qualités *intellectuelles*.

**96.** Quelles doivent être les qualités physiques d'un bon colon?

La **vigueur** et la **résistance.**

**97.** Ce ne sont pas là des qualités spéciales aux colons : elles sont utiles à tous les hommes.

Oui; mais au colon, elles sont *indispensables.* Le climat des colonies est débilitant et, pour y résister longtemps, il faut un **organisme vigoureux.**

**98.** Qu'entendez-vous par qualités morales?

Cette fois-ci encore, je m'expliquerai plus clairement en disant que le colon n'a pas seulement les devoirs moraux qui incombent à tout homme, dans quelque pays qu'il habite, mais qu'il a des **devoirs spéciaux** à raison de sa qualité de colon.

**99.** Quels sont donc ces devoirs spéciaux du colon?

Il a d'abord un devoir envers lui-même : celui de se bien porter.

**100.** Est-ce donc là un devoir spécial au colon?

Ce devoir est plus pressant encore pour un colon. Dans les colonies, la population n'est jamais bien nombreuse; la mort d'un homme y fait donc un vide très sensible; souvent l'entreprise **ne repose que sur lui :** une foule d'indigènes et quelquefois même de Français attendent de lui le travail et le pain quotidien: *sa santé n'appartient pas à lui seul.*

**101.** Quelles précautions doit-il prendre pour la ménager?

S'interdire toute *imprudence* et tout *excès;* **s'abs-**

tenir de **spiritueux**, prendre une nourriture saine, porter des vêtements appropriés au climat, ne pas s'exposer au soleil à de certaines heures, etc.

**102.** Quels devoirs le colon a-t-il envers les autres?

Il a des devoirs envers les **autres** *colons*, envers les *indigènes* et envers sa *patrie*.

**103.** Quels devoirs a-t-il envers les autres *colons* ?

Il a le devoir de se conduire avec décence et avec modération. Aux colonies, *la vie est plus libre* qu'en France : le colon doit, par son exemple, décourager ceux qui tenteraient d'abuser de cette liberté. D'autre part, le climat *rend nerveux* et même *irritable :* le colon doit se contenir et ne se permettre ni actes ni paroles qui rendraient impossible la vie commune.

**104.** Quels devoirs le colon a-t-il envers les indigènes?

Le devoir de les traiter avec douceur et toutefois avec fermeté, de les amener, de les gagner à nos idées; de faire, par des exemples plus encore que par des paroles, leur éducation pratique et morale.

**105.** Quels devoirs le colon a-t-il envers sa patrie?

Le devoir de la faire estimer et honorer et d'inculquer à tous cette opinion qu'un Français ne le cède à personne en **honnêteté** et en **justice**.

**106.** Quelles autres qualités doit encore posséder le colon?

La **connaissance** du pays où il se fixe, la **décision** et la **persévérance**.

**107**. Mais ce sont encore là des qualités générales que doit posséder non pas seulement un colon, mais tout citoyen.

C'est vrai, et toutefois elles sont **plus indispensables** au colon. Un agriculteur de Seine-et-Marne va s'établir en Seine-et-Oise; un commerçant de Melun va se fixer à Fontainebleau : il n'a pas besoin de longues préparations pour réussir dans son existence nouvelle. Au contraire, celui qui quitte la France pour une colonie **a tout à apprendre,** et, s'il hésite entre deux colonies, ce qu'il sait de l'une peut ne lui servir de rien pour l'autre.

**108**. Donnez un exemple.

Je veux émigrer en Nouvelle-Calédonie : je lis les voyages, les guides de l'émigrant, les traités d'agriculture, etc. Supposons que je change d'idée et que je veuille aller au Sénégal : ce que j'ai appris pour la Nouvelle-Calédonie ne me sera presque d'aucune utilité au Sénégal.

**109**. Pourquoi?

Rien n'y est semblable : ni le *climat*, ni les *habitants*, ni les *besoins*, ni les *affaires*. Celui qui aurait pu réussir en Nouvelle-Calédonie risque d'échouer au Sénégal.

**110**. Alors, il y aurait donc des colonies qui conviendraient **plus** particulièrement à telle classe de colons?

**Assurément.**

**111.** Qu'est-ce qui qualifierait un colon pour une colonie plutôt que pour une autre?

Ses *goûts*, ses *talents*, sa *situation de fortune :* s'il se destine au *commerce* ou à *l'agriculture ;* s'il ne sait que travailler *de ses mains* ou s'il sait *diriger le travail* d'autrui; enfin, s'il a *plus ou moins d'argent.*

**112.** Qu'importe le plus ou moins d'argent ?

Le voici : chaque genre d'affaires, et, dans un même genre d'affaires, presque chaque colonie exige plus ou moins de capitaux. Pour fonder la plus petite exploitation agricole, il faut au moins **5000 francs** en Nouvelle-Calédonie, **15000 francs** en Tunisie et **30000 francs** au Tonkin. Pour faire du commerce, il **faut au minimum plusieurs dizaines de mille francs en Indo-Chine et plusieurs centaines de mille francs dans l'Afrique occidentale.**

**113.** S'il faut de l'argent partout, il n'y a donc que les riches qui puissent émigrer?

Ce n'est pas être riche que d'avoir 5000 francs. Toutefois il est exact de dire que ceux qui n'ont que leurs deux bras n'ont actuellement guère de chances de faire fortune aux colonies.

**114.** Pourquoi dites-vous actuellement ?

Parce que, plus tard, il en sera autrement. Aujourd'hui, sans doute, il n'y a que ceux qui ont un peu d'argent qui peuvent s'établir aux colonies. Mais ils y font de l'agriculture, du commerce, de l'industrie; dès que leurs entreprises auront réussi, il leur faudra des *contremaîtres,* des *surveillants,* des *directeurs,* ils feront alors appel à ceux qui, faute d'argent, n'avaient pu s'établir à leur compte et ils leur offriront de belles positions.

**115.** Ainsi toutes les classes de Français auraient intérêt à la colonisation?

Oui, tous ; même ceux qui sont restés au pays.

**116.** Comment cela se peut-il faire?

Beaucoup d'entre ceux qui se sont établis aux colonies finissent, après avoir fait fortune, par rentrer au pays. Ils y rapportent l'argent qu'ils ont gagné au loin et, avec cet argent, ils font travailler les ouvriers et gagner les commerçants de France.

**117.** Mais si tous les colons rentrent au pays, la colonie décline.

Les colons ne rentrent pas tous et ceux qui rentrent ne le font que les uns après les autres. La colonie se peuple sans cesse d'arrivants qui remplacent les partants et continuent leurs affaires. Il s'établit ainsi un **perpétuel roulement** entre la France et ses colonies; la richesse augmente partout; la population s'accroît sans cesse et la nation devient plus puissante. **C'est ainsi que la prospérité des colonies contribue à la grandeur de la patrie.**

## RÉSUMÉ

**1.** Un colon, pour réussir, a besoin de **plus de qualités** qu'un citoyen qui reste dans la patrie.

**2.** Pour faire un **bon colon**, il faut un homme *vigoureux, intelligent, honnête, décent* et *modéré*.

**3.** Le rôle d'un bon colon est de maintenir l'**harmonie** entre ses compatriotes, d'inspirer le **respect** et l'**affection** aux indigènes, enfin de faire **honorer son pays**.

**4.** D'une colonie à l'autre *tout diffère :* le climat, les habitants, les besoins, les affaires.

**5.** Un colon prudent doit **étudier** avec soin la colonie où il veut se fixer.

**6.** Actuellement, pour réussir aux colonies, il faut **un peu d'argent** devant soi.

**7.** Le colon qui *s'enrichit* contribue à *enrichir* la France.

**8.** La *prospérité* des colonies contribue à la **grandeur** de la patrie.

# SUJETS DE RÉDACTION

**1. Les rentes sur l'État et l'agriculture.** — SOMMAIRE. — **1.** L'État est parfois obligé d'emprunter. — **2.** Les rentes sont l'intérêt de l'argent emprunté par l'État. — **3.** Avantage pour l'agriculture que les rentes soient chères.

**2. Les machines agricoles.** — SOMMAIRE. — **1.** Les machines agissent sur la terre ou sur les récoltes. — **2.** Elles remplacent le travail de l'homme. — **3.** Elles sont une économie. — **4.** Elles ne fonctionnent que par intermittence. — **5.** Elles sont utiles surtout dans la grande propriété.

**3. La terre et le crédit.** — SOMMAIRE. — **1.** La terre coûte cher. — **2.** Son prix excessif est dû à la passion des cultivateurs pour la terre. — **3.** Il vaudrait mieux louer la terre d'autrui et garder son argent pour bien cultiver.

**4. Les liens de l'émigrant avec la mère-patrie.** — SOMMAIRE. — **1.** La colonie est une seconde patrie. — **2.** Parfois, pour des causes diverses, les colonies se séparent de la métropole. — **3.** Mais les liens d'intérêt et d'affection subsistent toujours.

**5. L'émigration.** — **Les agences d'émigration.** — SOMMAIRE. — **1.** La population est mal distribuée : il y a des pays sans habitants et des pays qui en regorgent. — **2.** L'émigration tend à rétablir l'équilibre. — **3.** Il y a des personnes qui ont intérêt à provoquer et à diriger l'émigration. — **4.** Les Français doivent émigrer dans les colonies françaises.

**6. Conquête de l'Algérie.** — SOMMAIRE. — **1.** Les États barbaresques, — **2.** Gênèrent longtemps la navigation de la Méditerranée. — **3.** L'Europe tenta de les punir et de les réduire. — **4.** La France conquit l'Algérie en 1830.

**7. Conquête du Tonkin.** — SOMMAIRE. — **1.** Le Tonkin est voisin de la Chine. — **2.** La Chine offre de vastes débouchés aux produits d'Europe. — **3.** Le fleuve Rouge fournit la voie la plus courte vers les provinces du sud de la Chine. — **4.** Les étapes de la conquête.

**8. Dupleix.** — SOMMAIRE. — **1.** Dupleix, sa naissance, sa famille. — **2.** Sa carrière aux Indes. — **3.** Son ambition pour la France. — **4.** Sa politique avec les indigènes. — **5.** Ses résultats.

**9. La révolte de Haïti : Toussaint-Louverture.** — Sommaire. — **1.** Haïti ; sa richesse. — **2.** Suppression de l'esclavage par l'Assemblée législative ; l'insurrection. — **3.** Toussaint-Louverture. — **4.** Émancipation de l'île.

**10. La perte du Canada. — Montcalm.** — Sommaire. — **1.** Le Canada français depuis François I<sup>er</sup>. — **2.** L'Angleterre et la France en Amérique. — **3.** Montcalm ; sa politique avec les Indiens. — **4.** Sa lutte contre les Anglais ; sa mort. — **5.** Traité de Paris ; perte du Canada.

**11. L'émigration française sous l'ancien régime.** — Sommaire. — **1.** Genre de personnes qui conviennent aux colonies. — **2.** Difficultés pour ce genre de personnes de se faire une situation en France sous l'ancien régime. — **3.** Chances d'avenir aux colonies. — **4.** Faveurs accordées par le roi à ceux qui émigraient.

**12. Les Franco-Canadiens.** — Sommaire. — **1.** Les émigrants au Canada : Bretons et Normands. — **2.** Leurs occupations professionnelles. — **3.** Le patriotisme et la religion. — **4.** Les Franco-Canadiens.

**13. La colonisation sous l'ancien régime.** — Sommaire. — **1.** Importance attachée alors aux possessions territoriales. — **2.** Les grands États d'Europe une fois constitués, — **3.** On ne pouvait plus s'étendre que par la colonisation.

**14. L'émancipation des nègres.** — Sommaire. — **1.** Les travailleurs nègres dans nos anciennes colonies. — **2.** Les durs traitements des planteurs. — **3.** L'émancipation des nègres. — **4.** Les conséquences.

**15. Madagascar ou la France orientale.** — Sommaire. — **1.** L'île de Madagascar. — **2.** Occupation par les Français au XVII<sup>e</sup> siècle. — **3.** Les droits de la France. — **4.** Les prétentions des Hovas. — **5.** La dernière expédition de la France.

**16. Les nouvelles frances.** — Sommaire. — **1.** Les colonies étaient inhabitées, il fallait les peupler. — **2.** Notions incomplètes sur les climats des colonies. — **3.** Le plan de Richelieu et de Louis XIV. — **4.** Les nouvelles Frances ; ce qu'elles devaient être. — **5.** Échec de ce plan.

**17. Les colonies de peuplement et les colonies d'exploitation.** — Sommaire. — **1.** Les territoires colonisables au début de nos entreprises coloniales. — **2.** Les pays colonisables au XIX<sup>e</sup> siècle. — **3.** Différences dans les colonies résultant de ces conditions opposées.

**18. Les cyclones.** — Sommaire. — **1.** Les tempêtes des régions tropicales ; les cyclones. — **2.** Leurs effets. — **3.** La prévision des cyclones. — **4.** Les moyens d'y échapper pour les navires.

**19. Le climat des régions tropicales.** — Sommaire. — **1.** Les saisons. — **2.** Les pluies. — **3.** Le soleil.

**20. L'alimentation aux colonies.** — Sommaire. — **1.** Le climat des colonies exige une alimentation particulière. — **2.** L'alimentation européenne n'est pas ce qui convient absolument. — **3.** Il faut emprunter certains aliments aux indigènes de la colonie.

**21. L'hygiène coloniale.** — SOMMAIRE. — **1.** L'hygiène européenne et l'hygiène coloniale. — **2.** Les dangers : l'humidité, le soleil. — **3.** Le logement. — **4.** Le vêtement.

**22. Les sanatoria.** — SOMMAIRE. — **1.** L'étymologie du mot *sanatorium*. — **2.** Deux sens de ce mot. — **3.** L'utilité des *sanatoria*.

**23. La vie des Anglais dans l'Inde. — Simla.** — SOMMAIRE. — **1.** Le climat de l'Inde. — **2.** Le temps de service des fonctionnaires anglais. — **3.** Les *sanatoria* de l'Inde. — **4.** L'émigration estivale à Simla.

**24. Les céréales.** — SOMMAIRE. — **1.** Les habitants des colonies françaises : Européens, indigènes et métis. — **2.** Les diverses catégories de sang-mêlé. — **3.** Les créoles.

**25. L'empire d'Annam : Annamites et Tonkinois.** — SOMMAIRE. — **1.** L'empire d'Annam : ses deux grandes provinces originaires. — **2.** Une troisième province conquise : le Tonkin. — **3.** Annamites et Tonkinois : unité ou dualité de races.

**26. Kabyles et Arabes.** — SOMMAIRE. — **1.** La population indigène de l'Algérie n'est pas homogène. — **2.** Une race autochtone et plusieurs races conquérantes. — **3.** Arabes et Kabyles.

**27. Les musulmans. — La guerre sainte.** — SOMMAIRE. — **1.** Ce qu'on appelle musulmans. — **2.** Leur haine contre les chrétiens. — **3.** La guerre sainte. — **4.** L'Algérie et les Fettouah.

**28. L'éducation des indigènes : le rôle du gouvernement.** — SOMMAIRE. — **1.** L'éducation des indigènes. — **2.** La persuasion. — **3.** L'action du gouvernement et l'action des colons. — **4.** L'éducation lente par les principes. — **5.** Exemple : le respect de la vie humaine.

**29. L'éducation des indigènes : les colons.** — SOMMAIRE. — **1.** Le colon doit aller au-devant de l'indigène. — **2.** Deux modes d'éducation. — **3.** Éducation technique. — **4.** Éducation morale.

**30. Les fonctionnaires des colonies.** — SOMMAIRE. — **1.** Les fonctionnaires dans les colonies ont des devoirs plus difficiles que dans la métropole. — **2.** Il importe de les choisir parmi les meilleurs. — **3.** Et de les préparer à leur tâche.

**31. La justice.** — SOMMAIRE. — **1.** La notion de justice parmi les hommes. — **2.** La justice parmi les indigènes. — **3.** Organisation de la justice.

**32. L'armée coloniale : les turcos de Wissembourg.** — SOMMAIRE. — **1.** La guerre et la police dans les colonies. — **2.** L'armée continentale ne convient pas pour cette besogne. — **3.** L'armée coloniale : les Français et les indigènes. — **4.** Les indigènes bien commandés sont d'excellentes troupes.

**33. Le colon agriculteur en Indo-Chine.** — SOMMAIRE. — **1.** Le rôle de l'indigène et le rôle du colon. — **2.** Les cultures riches. — **3.** Les concessions. — **4.** Le capital nécessaire.

**34. Le caoutchouc.** — SOMMAIRE. — **1.** Où on trouve le caoutchouc. — **2.** Comment on se le procure. — **3.** Les usages. — **4.** Nécessité de cultiver les végétaux qui le produisent.

**35. L'ivoire.** — SOMMAIRE. — **1.** Différentes sortes d'ivoire. — **2.** L'ivoire d'éléphant; comment on se le procure. — **3.** Le prix de l'ivoire. — **4.** Les marchés de l'ivoire.

**36. Une factorerie.** — SOMMAIRE. — **1.** Dans quelles colonies on rencontre des factoreries. — **2.** Origine probable de ce mot. — **3.** Ce qu'est une factorerie.

**37. Les étoffes pour nègres; les guinées.** — SOMMAIRE. — **1.** Les nègres avant la venue des Européens ne s'habillaient pas. — **2.** L'usage des étoffes depuis la venue des Européens. — **3.** Étoffes spéciales pour les nègres. — **4.** Les guinées; leur rôle.

**38. Le café.** — SOMMAIRE. — **1.** Dans quelles colonies françaises on peut faire du café. — **2.** La culture. — **3.** Les frais. — **4.** Les profits.

**39. La Tunisie.** — SOMMAIRE. — **1.** Situation et étendue de la Tunisie. — **2.** Son climat. — **3.** Ce que le colon peut y entreprendre. — **4.** Le capital nécessaire.

**40. La Nouvelle-Calédonie.** — SOMMAIRE. — **1.** Situation géographique de la Nouvelle-Calédonie. — **2.** Excellence de son climat pour le colon européen. — **3.** Ses produits. — **4.** État présent de la colonie.

**41. Les Canaques de la Nouvelle-Calédonie.** — SOMMAIRE. — **1.** Les indigènes de Nouvelle-Calédonie; leur nombre. — **2.** Pourquoi ils ont diminué. — **3.** Services qu'ils peuvent rendre.

**42. La transportation.** — SOMMAIRE. — **1.** Définition de la transportation. — **2.** Expérience de la transportation en Australie. — **3.** Imitation de ce système par la France. — **4.** Pourquoi il n'a pas réussi.

**43. La main-d'œuvre aux colonies.** — SOMMAIRE. — **1.** Rôle de l'Européen aux colonies. — **2.** Colonies peuplées et colonies sans habitants. — **3.** Difficulté de se procurer de la main-d'œuvre.

**44. Le riz.** — SOMMAIRE. — **1.** Dans quel pays vient le riz. — **2.** Habileté des peuples d'Orient à le cultiver. — **3.** Commerce du riz.

**45. Le fleuve Rouge; le Delta.** — SOMMAIRE. — **1.** Le fleuve Rouge, le Delta, le Haut-fleuve. — **2.** Le Delta. — **3.** La route commerciale vers la Chine.

**46. Le thé.** — SOMMAIRE. — **1.** Pays où il vient. — **2.** Son importance en Chine. — **3.** Le thé à Ceylan. — **4.** Consommation et commerce du thé.

**47. L'opium.** — SOMMAIRE. — **1.** D'où on tire l'opium. — **2.** Son emploi. — **3.** La guerre de l'opium. — **4.** L'opium en Indo-Chine.

**48**. **Le sel**. — SOMMAIRE. — **1**. Utilité du sel. — **2**. Son importance dans certains pays. — **3**. Le sel aggloméré.

**49**. **La vie aux colonies**. — SOMMAIRE. — **1**. La colonie n'a pas tous les agréments de la métropole. — **2**. Plus de liberté. — **3**. Plaisirs et distractions. — **4**. La vie plus large.

**50**. **Les colons et le retour dans la métropole**. — SOMMAIRE. — **1**. Le climat des colonies et le roulement des colons. — **2**. Les colons de retour dans la métropole. — **3**. Double profit pour la métropole.

**51**. **Les colonies nécessaires à la prospérité de la métropole**. — SOMMAIRE. — **1**. Le monde et la France d'autrefois et la France d'aujourd'hui — **2**. La civilisation et la langue françaises. — **3**. La population de la France. — **4**. La soupape de sûreté. — **5**. Nécessité de coloniser.

# TABLE DES MATIÈRES



Paris. — Imp. E. CAPIOMONT et Cⁱᵉ, rue des Poitevins, 6.